바람이 전하는 속삭임

김돈영 시 · 사진집

을지출판공사

自序

주위엔 시인도 많고 사진작가도 많아, 시집과 사진집 또한 많이 발표되어 나옵니다. 이 두 양식을 아우르는 것이 몹시 어려운 일인 줄 알면서도 감히 도전을 했지만 생각과는 달리 너무 어울림이 맞지 않아 일부는 사진을 포기하기에 이르러 중단했으나, 완벽을 기하려면 그때가 언제일지 몰라 그동안의 습작들을 정리하고 사진을 편집하며 내심 사랑 고백하는 것처럼 부끄러웠으나 용기를 내어 마무리를 했습니다.

세상을 힘들게 살아오면서 가슴에 묻어둔 삶의 사연 사진 출사를 하며 느낀 감정이나 사물을 보고 쓴 대상들을 글과 영상으로 남겨 자연을 노래한 것들이라 저마다 시련을 난 애련함이 배어 있어 기교(技巧)는 없어도 촌색시의 순정 같은 청순함은 있지 않을까 자위해 봅니다.

누구나 한번쯤은 그런 생각을 하겠지만, 저 역시 30여 년 전 어머니 여의고 언젠가 슬픔에 잠겨서 어떻게 살아야 인생을 아름답게 잘 살 수 있을까 고심한 적이 있습니다. 꿈이 있고 신념이 있는 삶은 아름답습니다. 아직도 가슴에 파도처럼 설레이는 꿈이 있다면 오늘이 있는 한 오늘이라는 시간은 꿈으로 엮어지고 소망이 이루어지리라 생각합니다. 첫 시·사진집이라서 부족함이 많지만 출간한다는 것은 그런 아름다운 인생에 한 발자국 나아가는 것이 아닐까요?

신록이 푸르러 살갗에 스치는 바람에도 싱그러움이 묻어나는 오월 무엇보다 오늘을 있게 해 주신 어머니께 효를 다하지 못함이 제 삶에 있어 뼈아픈 후회라 저의 삶의 흔적을 『바람이 전하는 속삭임』이란 책으로 묶어 어머니께 바치오니 부디 천상에서 받아주시길 간절히 소망합니다.

2010. 5. 8

지은이 은로 김돈영

차 례

제 2 부 자 연

제 3 부 뻐꾸기는 왜 우는가

제 4 부 슬픈 날의 비망록

제 5 부 홍합의 연정

제 1 부

꽃에 관한 소묘

겨울 장미

사랑하는 님 만날
아픈 사연 때문에
찬바람 불어와도, 오직
그리움으로 시린 가슴 달궈
오늘도 기다린다

사랑의 꽃잎 피우기 위해.

겨울 장미 · 2

미냥 사모하는 님 맞이하건만
매서운 한파에 심장이 얼어
몇 번 보고서야 미소지었다
부끄러운 듯 홍조 띄운 볼에
흐뭇한 표정으로

아린 가슴
아득함에 눈물지을 겨를 없이
품속에 영혼만 남기고 가 버린
다시는 만나지 못할 님

진실한 사랑은 꼭
즐거움만 있는 게 아닌가.

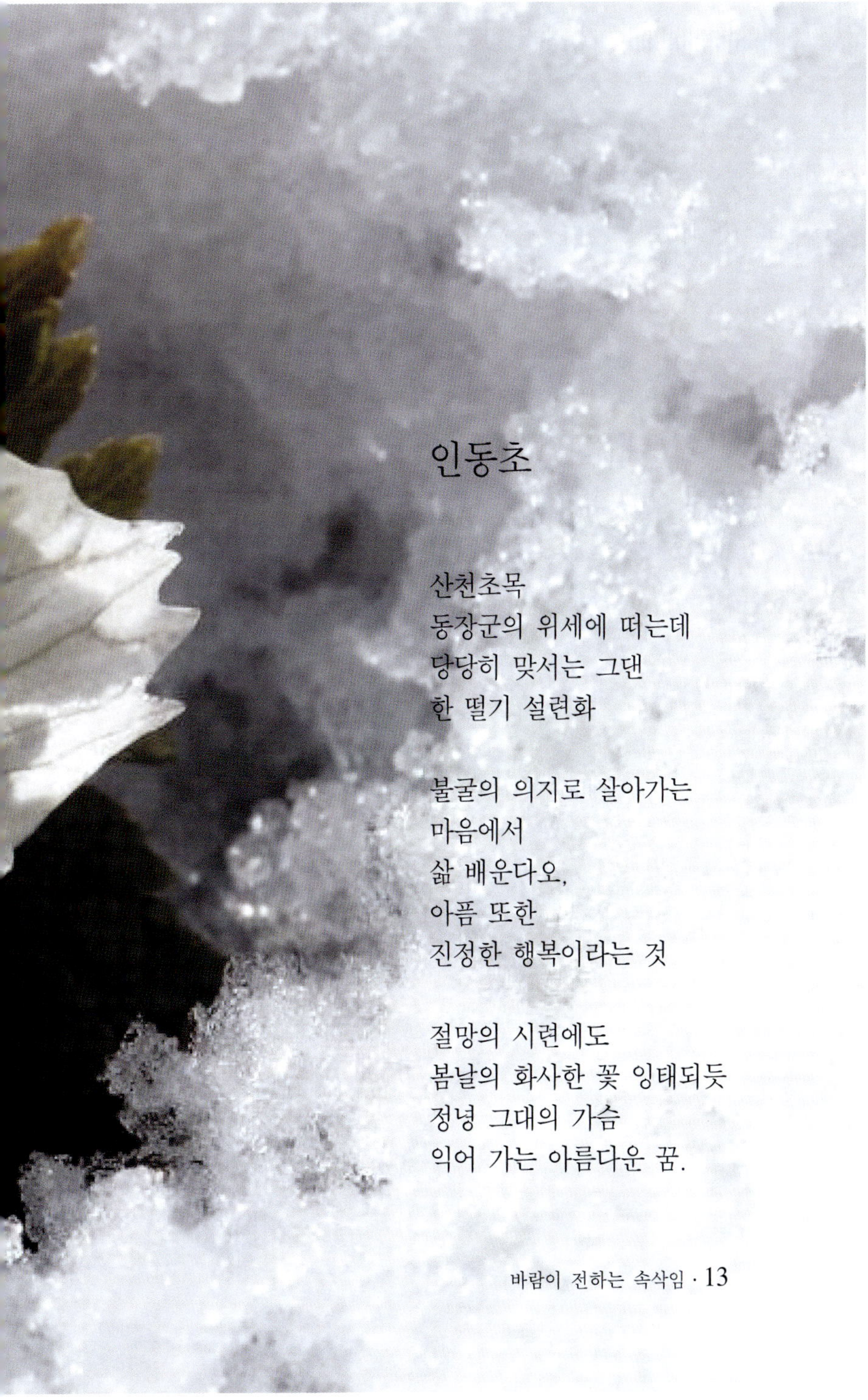

인동초

산천초목
동장군의 위세에 떠는데
당당히 맞서는 그댄
한 떨기 설련화

불굴의 의지로 살아가는
마음에서
삶 배운다오,
아픔 또한
진정한 행복이라는 것

절망의 시련에도
봄날의 화사한 꽃 잉태되듯
정녕 그대의 가슴
익어 가는 아름다운 꿈.

못다 핀 꽃 한 송이

분명
하얀 그리움일게야
멈춰버린 그대의 심장

원망하면 무엇하리
미워한들 성사되나
모든 게 어긋난 운명인데
담담히 받아들여야 할 뿐

비록 되돌릴 수 없지만
피우지 못한 꽃송이
그대 향기 그윽할게야.

동백꽃

봄부터 품었던 사랑
마음속에 삭히느라
오죽 그리움에 가슴 탔으면
붉디붉은 피 토하는가
하얀 눈 속에서.

하얀 목련

해마다 봄철
잊지 않고
꼭
이맘때 만나는 이 있다

하얀 속살 살며시 내보여
수줍어 웃는 황홀한 모습
여자들도 보면 질투할 게다

세세 연년
엄동설한 눈보라도 이겨낸
학처럼 우아한 자태
온 마음 반겨주는
님의 품 같은 사랑

힘겨운 세상
누구에게도 못한 말
가슴에 모았다
털어놓을 땐
이 마음 사뭇 행복하다.

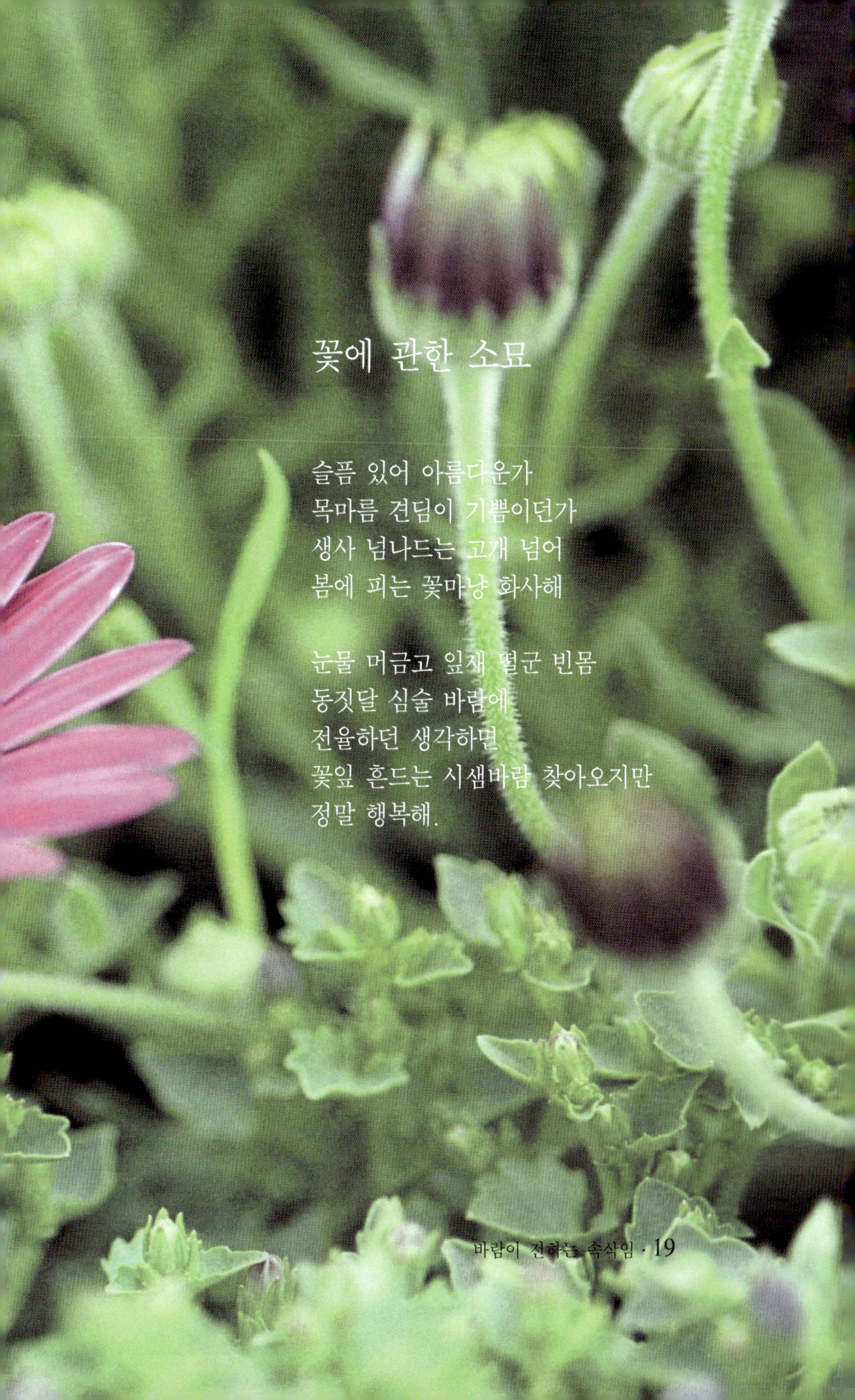

꽃에 관한 소묘

슬픔 있어 아름다운가
목마름 견딤이 기쁨이던가
생사 넘나드는 고개 넘어
봄에 피는 꽃마냥 화사해

눈물 머금고 잎새 떨군 빈몸
동짓달 심술 바람에
전율하던 생각하면
꽃잎 흔드는 시샘바람 찾아오지만
정말 행복해.

개나리

마른 가지 며칠 새
누이 젖멍울처럼
봉긋봉긋 솟더니
스치는 달빛 입맞춤에
반짝이는 여린꽃 피었네

하늘의 별 따다
사립문옆 울타리에 놓아
꽃숭어리처럼 빛나는
노오란 눈부신 자태

사랑하는 님 위해
한 묶음의 노란 별
마음속에 담아 가련다,
혼자 보기 아쉬워.

수선화

겨우내, 심장 꽁꽁 얼렸던
시린 한파의 시련 속에서
숨 죽여 간직해 온 그리움

가녀린 꽃자루에 담아둔 애틋한 사랑
끝내 고백하지 못하고
세월의 치맛자락에 이끌려
길 떠난 그대
내 마음 온통 휩쓸어간
영원한 사랑

문득,
창 너머 어렴풋이 달 뜨면
화사한 모습 비친다
이렇게 짙은 향기 그리운 날엔!

벚꽃 떨어지는 길

자줏빛 치맛자락 날리며
그리운 님과 함께 거니는
술렁술렁 꽃비 내리는 하얀 길

나비 춤추듯 꽃비에 젖어
정다운 눈빛 나눴네,
하얀 꽃잎 양산 삼고

주단 펼친 고운 꽃길
한아름 행복 안고 한없이 걸어가네,
비몽사몽 깨기 전까진.

물망초

부르면
금세 웃으며
달려올 것 같은
내 심장 타도록 고동친
잊지 못할 그대

아득히 먼 이역
만날 수 없어
눈물 고인다

나래 잃은 천사
완연히 떠오른
환청이 된
오늘.

무궁화

살을 에는 인고의 세월
의연히 견디고
비바람 폭풍 속에서도
굳건하게 자라난 희망

폭염의 기승에
대지가 열병으로 신음하던 날
산화한 넋 천상의 꽃 되었네
여린 가지에 미소 머금고

가슴 시린 과거 쓸어안고
행복 다지며
망울망울 화폭에 충심 펼쳐
민족의 얼 되었네
일편단심으로!

코스모스

세찬 비바람 훑고 간 세월
살점마다 새긴 가엾고 외로운 마음
산들바람 기꺼운 사랑마저 잃고
여리디여린 소녀처럼
수줍은 하루, 사랑으로 나누리
저무는 서녘 하늘 바라보며.

꽃무릇

한 몸 될 수 없는, 맺지 못할 불운
먼 훗날 꽃으로 해후하자던 언약
찢기고 찢긴 한(恨) 꽃잎으로 맺혀
영혼의 안쓰러움 목젖 탄 피를 본다

먼 길 달려온 인연(因緣)의 끄나풀
애타는 흔적만 남겨 둔 채
가 버렸다, 억겁의 세월 속으로

아무런 고백도 남기지 않고.

나리꽃 지던 날

며칠 생몸살 앓아
정갈한 치맛자락 꼬옥 움켜진 손 놓아
꽃잎 사르르 떨어지던 날
고운 마음 다 주고 떠나간 설움에
물 먹은 솜 같은 슬픔 짜면,
금방이라도 뚝뚝 떨어질 것 같다

시어머니 시집살이같이 섧고 고달픈 삶
연지 찍은 새색시마냥 수줍음 머금고
애틋한 그리움 안겨 준
영혼의 슬픔 안고 홀로 하늘로 간 나리

애달픈 속내 술에 취한 듯
슬픔에 흠뻑 젖는다.

해를 등진 해바라기

차라리
이름을 그렇게 짓지 않았다면
남들이 묻지 않았을 걸
'왜 운명을 거부하냐!'

끝내 돌아오지 않을 외길 사랑
숯덩이된 가슴 부여안고 돌아선
스스로 거부한 나약한 해바라기

모든 것 숙명인가
앞만 보는 삶인 그들에겐 반항일 게다
순순히 체념하듯 살아가는 이들에겐

적어도 후손들에게
물려주고싶지 않은
켜켜이 쌓인 그 업보.

들국화

벌 나비 떠난 차가운 들녘
그리운 님 보고픔에
찬 서리 무릅써 홀로 피어
하얀 서릿발에 경련 일으키곤
접은 꽃잎 따라 길 나서네
애잔함이 미움 되어.

대나무

마음 비워놓은 탓에
귀엣말에도
흔들리지 않는다

바람 휘몰아쳐도
삭혀서 매듭지을 뿐
내내 휘지 않고

구름 가고 달 가도
오로지 바른 길 가는
올곧은 기상

억겁 흘러도
그 푸르름 늘
변함 없으리.

앵 두

청보리
황금빛으로 덧칠돼 가면
용광로 같은 첫 입맞춤 생각나
잠자던 심장 요동치다
혼돈의 시간에 빠져 든다

깨물면
금세 터질 곱디고운 도톰한 입술
빨간 앵두를 보노라면
꺼져가던 모닥불
어느새 불꽃 활활 춤춘다

그리움 물씬 배어나는
옥양목 치맛자락 나풀거리던
큰골 가시나,
그 사랑 마냥 그립다.

봄 비

눈물도 메말라버린 심혹한 마음
겨울잠 잔 원초적 본능
일탈한 청부(青婦)의 질펀한 정사(情事)
허물 벗듯 서서히 풀어 제친다

붉게 타오르는 목마른 갈증
거칠게 꿈틀거리는 욕망
환상의 오르가즘 느낀다

달콤한 생명의 젖줄에서.

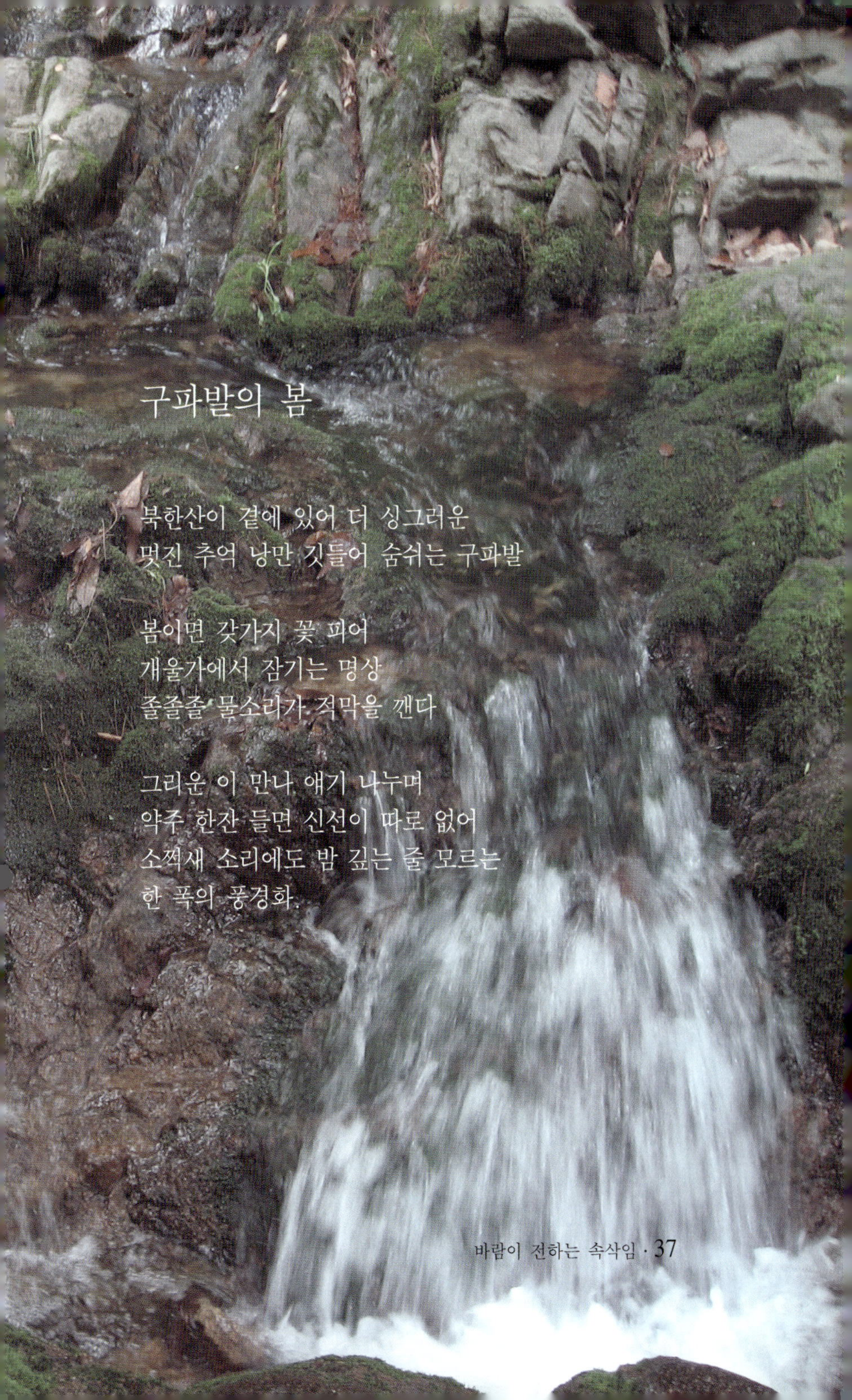

구파발의 봄

북한산이 곁에 있어 더 싱그러운
멋진 추억 낭만 깃들어 숨쉬는 구파발

봄이면 갖가지 꽃 피어
개울가에서 잠기는 명상
졸졸졸 물소리가 적막을 깬다

그리운 이 만나 얘기 나누며
약주 한잔 들면 신선이 따로 없어
소쩍새 소리에도 밤 깊는 줄 모르는
한 폭의 풍경화.

바람이 전하는 속삭임

겨우내 메말랐던 황토 사이로
파릇한 미소 짓는 여린 싹
맑은 하늘엔 비비벳종 비비벳종
봄노래 흥얼거리는 종달새

물오른 수양버들 잔 가지 꺾어
나그네 버들피리 음률에 입맞춤하니
들녘에서 나물 캐던 처녀
절로 흥이 난다

바람의 속삭임
살랑살랑 이는 향
속가슴 설렌다.

자 연

살다
훌쩍 속세 떠나고픈 충동에
피안(彼岸) 바라보노라면
산도 물도 모두가 하나일세

내 삶의 흔적까지도.

단 비

희미하게 가물거리는 의식 속
피어오른 무지개타고
살며시 찾아온 그대

땡볕의 열기에
비수가 살째는 아픔
촉촉이 적셔주어
시들어가는 영혼 일깨워준
천사 그대

이 세상 다하는 날까지
이별 없이 영원히 살 수 있는
오늘이었으면

날마다.

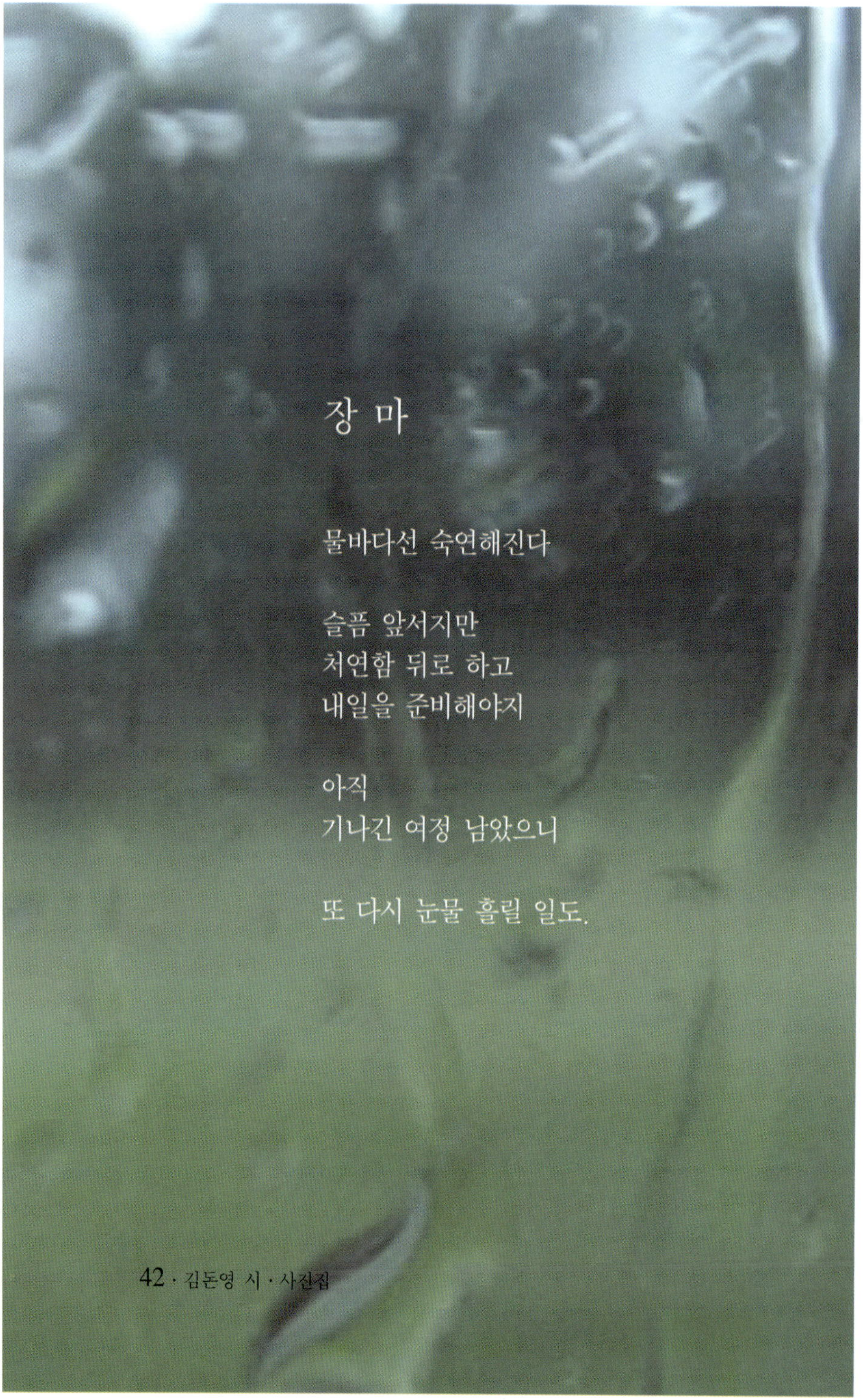

장 마

물바다선 숙연해진다

슬픔 앞서지만
처연함 뒤로 하고
내일을 준비해야지

아직
기나긴 여정 남았으니

또 다시 눈물 흘릴 일도.

가을비

세월의 오감
어제 오늘일 아닌데
기러기 돌아온다고
그리 슬퍼하나?

홀어미 홀로 두고 출가 앞둔
처자의 소리 없는 울음인 양
길손의 마음 애달파진다

차라리
빈 가슴으로 살았더라면
이리 아픈 가슴 쓸어안진 않았을 걸

삶은 여로인가!

마지막 잎새

갈바람에 한잎 두잎
어느덧 다 지고 남은
마지막 잎새

못다 한 사랑
헤어지는 서러움에
흐느껴 운다

약속한 세월
찬바람에 길 떠나는
그리움 사무쳐.

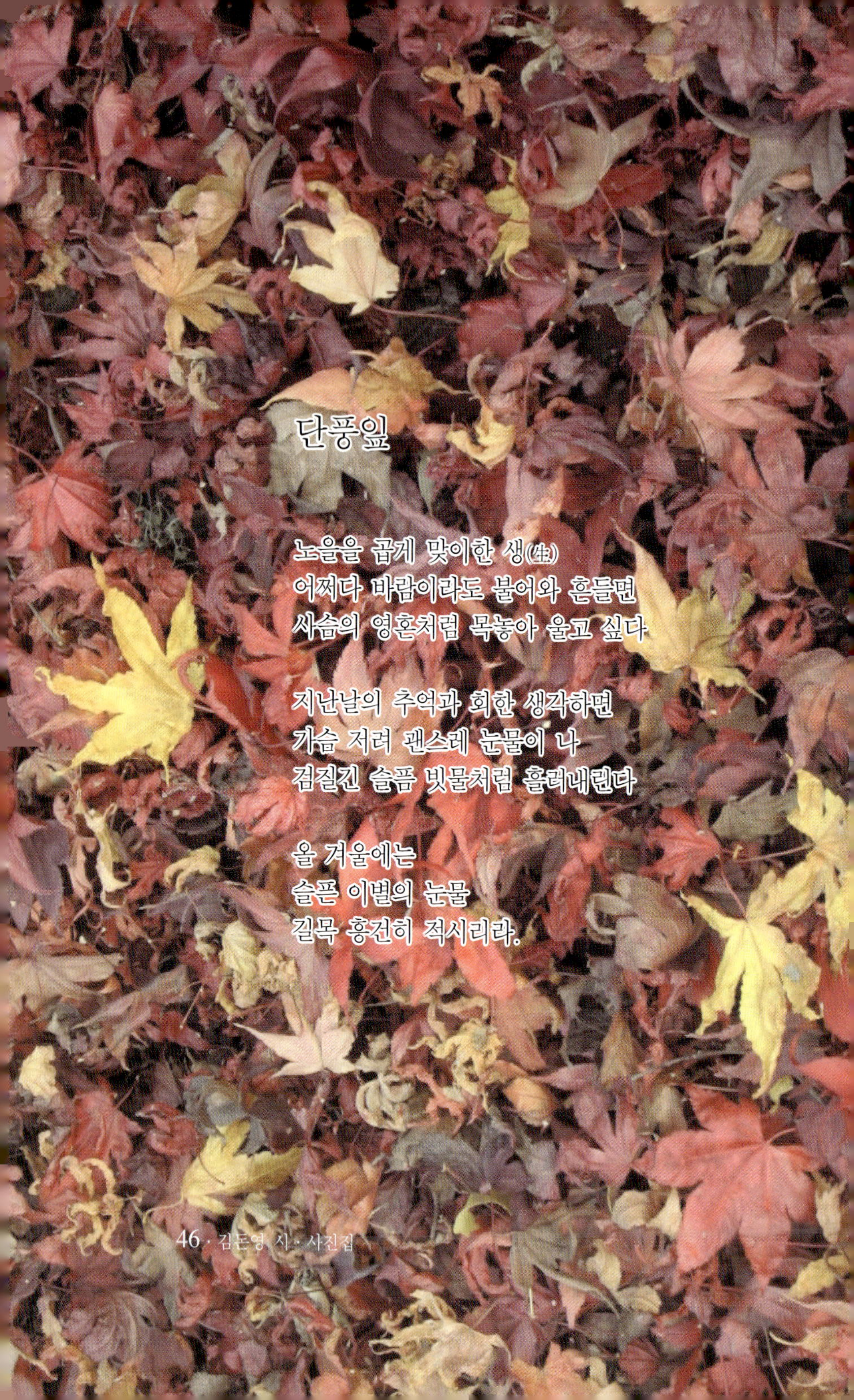

단풍잎

노을을 곱게 맞이한 생(生)
어쩌다 바람이라도 불어와 흔들면
사슴의 영혼처럼 목놓아 울고 싶다

지난날의 추억과 회한 생각하면
가슴 저려 괜스레 눈물이 나
겹질긴 슬픔 빗물처럼 흘러내린다

올 겨울에는
슬픈 이별의 눈물
길목 흥건히 적시리라.

진눈깨비

그립다 보고프다
다급한 절규
사경 헤매는 어느 누가 하였나

함박눈 되지 못해 눈물 섞어
흐느끼는 늦가을 영혼들
휘휘 허공 돌며 흩날린다

어느 보석보다
더 빛나는데도 이제는,
그 아름다움 영영 볼 수 없구나

차라리
구슬픈 노랫소리 듣지말라
설레이던 가슴에 파문 인다.

고 목

깊은 골짜기 눈 덮고 있다
슬픈 노래 부르지 마라
돌고 도는 세월,
꽃피는 봄 오면
새들 다시 노래하고
바람도 머물다 가리라.

사 진

몇 날
몇 시간을 기다린
찰나
혼을 담아 그린
빛의 휴머니즘!

진실한 감동이
때로는 세월 낚아
그리움을 낳는
빛바랜 값진 초상화.

설악산

대청봉 올라서니
구름은 발아래 있고
두 손 펼치면 잡힐 듯한 하늘
머리 위에 맴돈다

능선 따라 피어난 운해
선녀의 옷자락인 양
고아한 한 폭의 산수화
구름발치 동해의 푸른 물결

모두 가슴속에 담으려
붉게 물든 단풍 속에서
고단함 잊은 채
한 마리 새 되었다

만추의 금빛 햇살을 받으며.

해돋이

새 아침이 되면
하늘에 수놓은 꽃구름 본다

간밤
함께한 어둠 찾아
저 멀리 수평선 위 살며시 다가온
가슴 탄 심장 흘러내리는
안타까움!

갈매기 울음 하얀 파도에 부딪치면
지난 추억만 남긴 채
저 멀리 사라져 가는 사랑을 본다.

도담삼봉

여인네 젖가슴 같은 봉긋함
허리춤 휘감은 운해와
굽이쳐 흐르는 강물
어느 뉘 넋인가, 눈물 자락인가

성현 흔적 보이지 않건만
흥겨웠던 가락 귓전 훑고 지나침
애틋한 사연 사후(死後)에도 잊지 못한 탓인가

침묵 속 삼도정(三島亭) 고요한 새 아침 맞이한다
예나 다름없이.

청산도

쪽빛 바다
꽂수 놓인 주단 밟고 건넨 그곳
짭조름한 바람과 함께
어렸을 적 고향 있었다

앞마당의 빨랫줄 위에
제비가 반갑게 마중 나와 반기고
앙증맞은 코스모스 미소
아버지의 아버짓적부터
이 마을 지켜준 당산 나무!

동심 속 정겨운 어머니 품속
차마 떠나기 힘든 그곳에
오래도록 마음의 끈 매어두고파.

밤바다

신비로운 꿈
풀어진 여인의 치마끈 추슬러
헝클어진 얼 달래준다

화가가
짙은 먹물 빛 고운 저녁노을에 덧칠하면
어둠속에서 희망이 불어와
고요하던 바다
뒤척이며 소용돌이친다
깜깜한 침묵 깨고.

사인암

욕망(欲望) 채우느라 바쁜 사람들 틈새에서
무심히 흘러가는 시냇물 바라보는,
천 년 세월
씻기 힘든 생채기 남겨 놔도
묵묵히 참아온 비정의 함묵(緘默)

그댄 대인(大人)이런가

첩첩산중(疊疊山中)
골짜기에 은둔(隱遁)하고 있어도
그대 명망(名望) 우러러 발길 끊일 새 없구려.

그 섬에 갈까나

다시금
기다리는 하얀 백사장, 아직도
귓가에 맴돌던 물새의 지저귐과 갯메꽃
삘기의 신비스런 어울림
어찌 뿌리칠 수 있는가

눈에 선한 풍경 그리려고
살포시 젖어들면
해변 뒤 해송의 솔 향기
짭짤한 바닷바람에 묻혀 있는
어찌 이 진한 유혹 뿌리칠 수 있는가?

제 3 부

뻐꾸기는 왜 우는가

바 다

삶에 지치고 외로우면
수평선 파도치는
보드라운 백사장을
지향 없이 홀로 걷고 싶다

신비에 싸인 아늑한 섬
꿈을 잉태한 쪽빛 희망에서
지친 영혼 쉬게 하여
끄떡하지 않는 바위처럼
굳세지고 싶다.

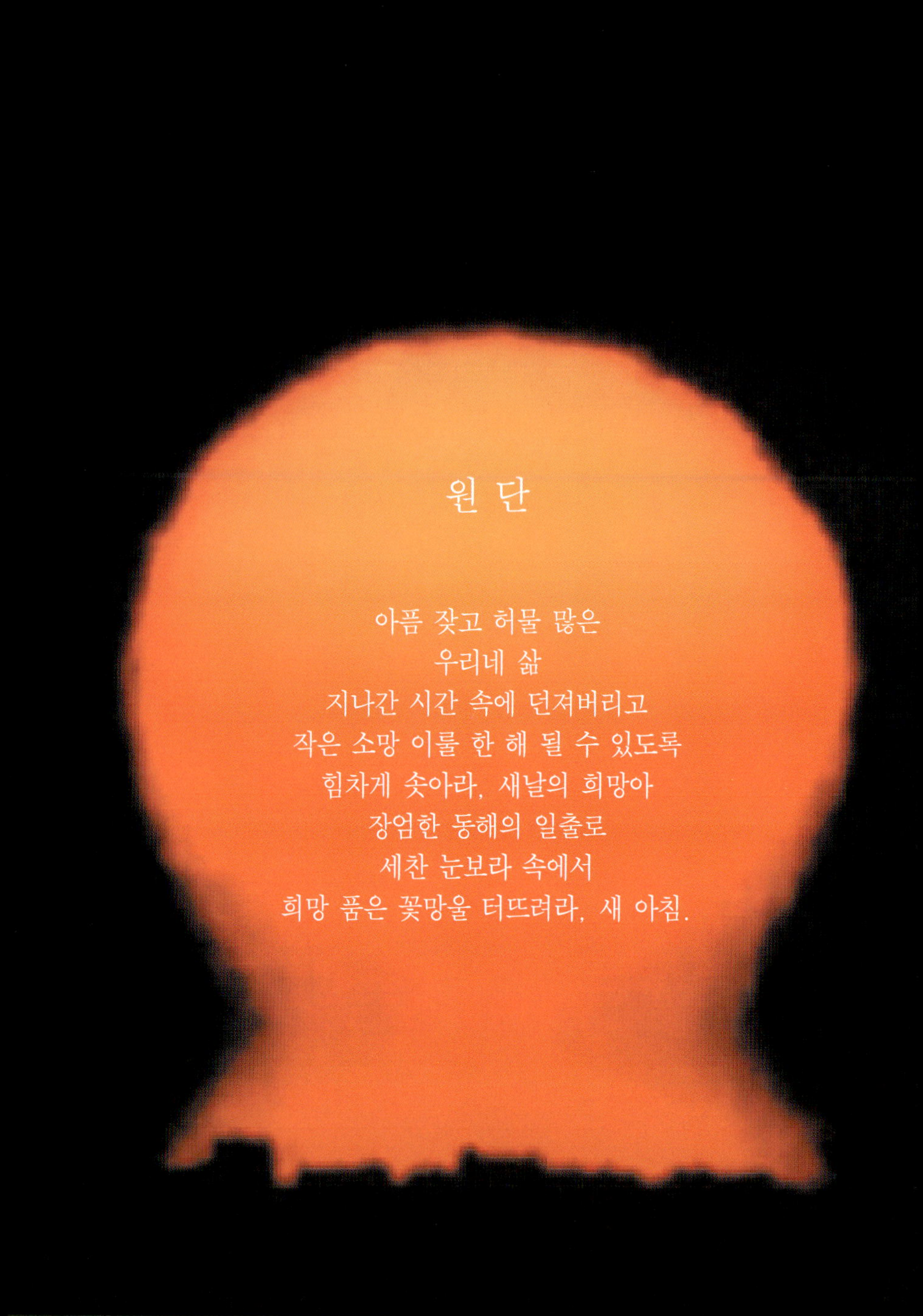

원 단

아픔 잦고 허물 많은
우리네 삶
지나간 시간 속에 던져버리고
작은 소망 이룰 한 해 될 수 있도록
힘차게 솟아라, 새날의 희망아
장엄한 동해의 일출로
세찬 눈보라 속에서
희망 품은 꽃망울 터뜨려라, 새 아침.

고 백

삶
힘들면 힘든 대로
그리움
쌓이면 쌓이는 대로
사는 게 인생인가

평생 사노라면
숱한 사연 많겠지만
모란의 그 고운 입술도
말하지 못했듯
어찌,
다하고 살리.

역 류

성공과 실패, 기쁨과 슬픔마저
작가의 자질이 의심되도록
잘못 쓴 대본에 의해 이미
삶은 시작되었다

행복한 자는 무한한 부귀영화,
불행한 자는 더더욱 아픔 겪기에
억겁 그 무게 견디지 못해
포기하는 삶,
그마저 불변인 듯하다

자신이 선택한 인생도
남이 짠 각본에 놀아나는 배역
스스로 사는 건 아무 것도 없는가?

돈

한낱
부질없는 욕심 때문에
슬퍼하는 건 결코 아니다

얄궂은 운명,
미워하면서도 사랑해야 하는
세월의 파도 탄 쪽배에서
악령과 싸우며 홍루 삼킨다

낙타무릎
피에로가 되는
인생.

한국은행
만원
10000
FJ 2535248 L
FJ 2535256 L
FJ 2535255 L
FJ 2535245 L

들 꽃

거친 광야 들꽃이 되고 싶다

숱한 잡초 속에서도
정체성 지키는
한 떨기 강인한 존재

긴 밤,
거대한 폭풍에
깊은 뿌리 위협받아도
그 여린 꽃잎 지켜내
어느 보석보다 더
아름답게 피워내는

강인한 꽃 되고 싶다!

오 늘

어제는
저만큼 달아나
붙잡을 수 없고
내일은
잠을 자야 돌아오니
아직 알 수 없네

가장
믿을 수 있는 친구는
이적(現在).

뻐꾸기는 왜 우는가

초야에 묻혀 사는 마음
정녕 아는지 모르는지
뒤뜰에 수줍게 핀 모란
무심히 지고 있다

붙잡아도 가는 세월
드러낼 수 없는 아픔
영원한 추억 속에 묻고

달콤한 아카시아 향기에 젖어
종일토록 뻐꾸기 슬피 울어댄다
말 못할 그리움 그리 많은지.

느지막 4월

남녘의 꽃 소식
끊기나 보다
싸리나무 울타리
복사꽃 지는데
바람이 가슴까지
헤집고 가네
함박꽃만 한 웃음
언제 오려나.

달개비의 꿈

어느 곳에서 태어나 이 땅에 왔는지
내가 누구인지 정확히 알 수 없으나
오늘도 비행 연습을 하고 있다
땅을 박차고 하늘을 날려고

비록 허황된 꿈이라도
그대 비웃지 말라

하늘에 떠다니는 구름 타고
저 산 너머 어딘가에 있을 행복 찾아
꼭 한 번 날고 싶다
어제랑 똑같은 일상 벗어던지고파.

유 월

사립문 옆 울타리에서
도화(桃花) 홀로 집 지키다
미친 듯 바람 불던 날

적삼 고름 풀어 헤집고
사랑 앗아가,

꺾인 슬픔 밤마다 울어도
그 흔적 지울 수 없어
찔레꽃 향기 그윽한 그 밤
산통 끝에 해산했다

날아가던 산새 한 마리
실눈 뜨고 바라보다
펼쳐질 풍경 그리며
너털웃음 터뜨린다.

바가지

채우고 비울 줄 아니
익혀 온 슬기로 어리석음 버려
온 세상 품어 보리라.

은빛 이슬

태초의 새벽, 그 영혼의 순수
밤하늘마다 작은 별빛으로 떠도는 건
빚어낸 말들이 이슬 되어
내 가슴을 빛냈기 때문이야

숱한 별들이 달과 함께 부른 노래
눈물의 가사일까, 사랑의 음표일까

아, 이별은 길어도
밤이면 다시 나누는 속삭임
은빛 이슬의 사랑.

여름의 향기

불볕더위
하루하루 버거워도
지내고 보면
아쉬운 그리움

곧
여린 나목
시퍼런 겨울 칼날에 떨어
뜨거운 햇살 속에 버렸던 언어
다시 주워 담을 때쯤

진정
알게 될 것이야
그 큰 은혜!

내 마음의 시

생애(生涯) 마지막까지
가슴에만 간직할
한 줄의 시(詩)

눈물의 흔적 한 움큼
아픔의 파편 한 조각
새까맣게 그을린 사랑

짧으나 모든 것 담아둔
어설프나 삶의 향기 그윽한
혼자서 피어놓은 꽃잎
누구에게도 보여 줄 수 없는
내 마음의 시.

은로 겨울 이야기

누군가 거친 붓으로,
하얀 도화지에 병실과 침대
누워 있는 환자를 그려 놨다

마법에 갇힌 그
하루에 두어 번 자고 사나흘씩 보내도
애타게 기다리는 새봄은
먼 산의 아지랑이

온 산하에
진달래 붉게 피어 함성 일어도
까맣게 잊은 눈먼 처자인가

혹한을 이겨낸 꽃
향기 더 짙다하니
긴 겨울 보내고 나면
꿈같은 새봄 맞으리.

오두막

손바닥만 한 땅뙈기 있으면
갈아서 나물 먹고 물 마시며
산과 내 벗 삼아 살고 싶다

도시의 궁전 같은 집
마음 즐겁지 않고
건강 잃으면 무엇하랴

영혼 살찌우는
실바람 함께하는 초막에서
가을엔 샛노란 국화와 얘기 나누며
오순도순 살면 행복하지 않나

사랑 노래 한 줄 쓰는 데도
빠알간 고추잠자리 날아와
함께 놀자 날갯짓한다.

신선루

하늘과 맞닿은 북한산
연이은 봉우리
한눈에 보이는 곳

신선루에 사노라면
세월 가는 줄 몰라
천만 년 살 것 같으이

내가 바로 그 신선일세.

회 상

아스라이 묻어둔 봄날의 기억
낡은 일기장에 쓰인
빛바랜 추억 뒤적이다
순이와 손잡고 뒷동산 넘어
시냇가에서 물장구치던
사뭇 오래전에 있던 연정
마냥 행복했던 시간들이
가을날의 영상처럼
아슴아슴 되살아난다.

벽오동

시간에 쫓기는
구차한 삶의 꼭두각신 아닌데
정작 여유로움은 없다

그렇다고
굳이 나무늘보의 이름 빌릴 수 있으랴

행여
달려가는 시간이 멈춘다면
바랄 것 없지만
바람같이 세월 가는데
어찌 홀로 남을 수 있으랴

차라리
깊은 산중에 자리잡은
벽오동이 될 걸.

이맘때

못난 자식에게 정 더 주듯
온 마음 쏟우나 머물지 못해
아쉬움으로 떠나가는 한 해

피었다 지면
다시 또 피어나는 인연(因緣)의 꽃잎처럼
새롭게 스쳐간다

정작
반백(半百)의 세월이면 익힐 법도 하련만
미련 때문에 뭉클한 가슴 지우지 못한다
해가 또 바뀔 때면.

제 4 부

슬픈 날의 비망록

새 벽

동녘,
문을 열고 나오면 어둠보다 더한 침묵
잠시 정적에 휩싸이는
태초의 고독

어차피 혼미스런 시간
안개 걷히고 나면

날개처럼 피어오를
풍경 있는가, 태양 뜨거울까

어둠이여 빛이여 결합하라
몸이며 마음이며 하나 되라
너와 나 제자리로 돌아와
다시 이루는 새 동녘.

삶

누구나
하늘에서 떨어지는 빗방울
아무나 대신할 수 없는
나만의 운명

때론
심장 도려내는
고통 가져다주는
세월의 아픔

스스로의 몫이라 여기자
언젠가 자신에게 다가올
행복한 내일 위해.

오늘은

먼저 간 그들이
간절히 원했던
하루가 아니던가

모란처럼 화사하고
보석같이 빛나진 않는
가시밭길일지라도.

생(生)

산 넘고 물 건너 아득한 길
오늘도 쉬지 않고 나아간다
그 끝 어딘지 모르면서,
지나간 바람 돌아가
때 되면 다시 불어오거늘
앞서 간 영혼들 어디 있고
우린 어디로 가는 것인가, 지금?

삶 · 2

허상(虛像)이다,
아무리 욕심부려도
빈손이지 않는가
그 끝은.

우리의 기도

올올이
불빛 갈구하는
꺼져드는 영혼

두 손 모아
희망 구원하는
목멘 오열

그들 위한
우리의 기도.

하루만이라도

매섭게 휘몰아치는
눈보라 속
그마저도 안 된다면,
가로수 땡볕 아래 졸고 있는
어느 날만이라도
로또 복권 당첨되어
환성(歡聲) 지를 날 있었으면 좋겠다

먼 미래에 크나큰 아픔 다가오면
다시금 회상하며
미소 지을 수 있는 훈훈함이
딱, 하루만이라도 있었으면!

너무 힘겨울 때,
눈물도
아픔도
말끔히 잊고
활짝 웃을 수 있게.

타조의 꿈

날개를 가진 족속이면
의지대로 비상하련만
날지 못하는 그 아픔

꺾인 날개로, 다시금
힘차게 날아보나
희망은 지상에서 춤춘다

뜨거운 눈물 삼키지만
차가운 운명인 현실 앞엔
그리움 뿐

간절한 소원
언젠가 꼭 이뤄질 그날
우리들 웃으며 함께 해요.

슬픈 날의 비망록

구린 똥파리 생각난다
화두에 올리지 말라
그대 어찌 자유로울 수 있나

고상한 척 유난떨지만
하룻밤 지나면
꾀꾀로 한 물일 수밖에

삶
황홀한 것 같지만
아픔 아니겄소

홍건한 땀 적삼에 배면
갈바람에 한들거리는
살살이꽃 생각하듯.

달팽이

참매미도 나오지 않아
아직은 적막한
늦봄
한낮

타조라면
한 걸음도 안 될 거리
한참 지나서야 도착한다

느림보 거북이보다 늦지만
빠름만이 능사는 아닐 터

지팡이 짚고 숨 가쁘게 걷는
팔순 노파의 세월처럼.

하루살이

기대치에 어긋난
시간 주어져도
운명이라면
부정도 거부도 없다
그마저도
이미 삶이기에.

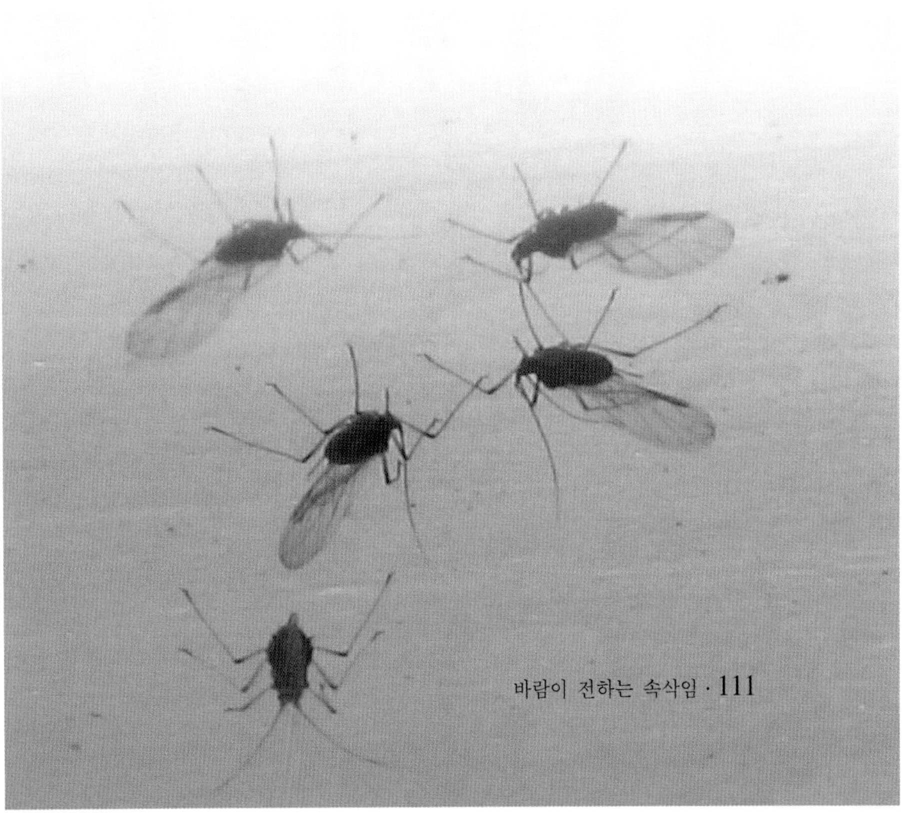

매미의 슬픈 연가

바람과 뒹군
슬프고도 아름다운 꿈같은 사랑
그대 알리라

풀잎에 맺힌 이슬처럼
단명(短命)의 비가(悲歌)
더 이상 부르지 마오

억겁의 사슬 아닌
삶과 죽음의 교차점
만남의 연(緣) 아니겠는가

비록 찰나지만
그대와 나눈 참사랑 가슴 벅차
암흑 속에서도 불꽃 간직하리라
영원히.

청개구리

시도 때도 없이 쏟아지는 빗줄기
몇 번이나 굴속에서 울었는지 모른다
잘못한 후회 때문에

생전에
동문서답으로 애간장 태우도록
불효로 일관한 게 한 되어
비만 오면 눈물짓는 불초자(不肖者)
뒤늦은 효행

개굴〔蛙〕!
개굴(改 窟)!
개 굴(改 屈)!

*蛙 : 개구리 와
*改 : 고칠 개
*窟 : 굴 굴
*屈 : 굽을 굴.

일개미

황홀한 꿈을 향한 비상(飛上)
자신의 모든 것 버리고
기꺼이 이루고픈 충동

그게 마지막 삶일지라도
한번쯤 선택받은
그들의 삶 꿈꾸고 싶다.

쇠똥구리

타고난 숙명 앞에
누군들 자유로우랴

어쩔 수 없는
피할 수 없는 몫
곰이 꼭 즐거워 재주 부리나

그제도
어제도 그랬듯
오늘도 혼탁한 세상 뒤집어본다
또 다른 자신을 찾기 위해.

그리운 어머니

살아가는 삶에
늘 행복 자리하는 건 아니지만
당신이 주신 마음에서
행복한 사랑이 무언지
알게 되었습니다

영혼의 젖줄에선 희망빛
살아갈 땐 사랑
당연하게만 느꼈던 불초(不肖)

그림자조차 없는 당신
단 한 번만이라도 뵈올 수 없어
오늘도 애절하게 우옵니다.

사모곡

–그리움의 빗물

차디참이
더없는 외로움 속에
당신 눈물 하얀 영혼 되어
온 산야 뒤덮으며
고단한 삶과 작별을 고하실 때
못난 이 불초자(不肖子)
당신의 마지막 체온이 담긴
손조차 잡아드리지 못한 채
홀로 먼 길 가셨습니다

반려자 일찍 여의시고
보릿고개 풀뿌리 연명하며
어린 자식 키우시느라
사력 다하신 처절한 그 고통도
철없어 미처 헤아리지 못했는데,
단아한 자태,
원하신 옥비녀 그마저
끝내 해드리지 못했습니다

하염없이 쏟아지는 장마
당신의 하늘같은 은혜 갚을 길 없어
흐르는 통한의 눈물입니다.

초록 동화

지금쯤 내 고향 들녘엔 쪽빛 바다 일렁이겠지
철부지 소년을 자극하던 알싸하고 풋풋한 풀내음,
잠시 잊었던 어릴 적 향수에 젖는다

지나는 바람에 일렁이는 초록빛 물결들
누구의 입김이기에 저리도 곱게 몸 추스르나
수줍음 머금은 듯 다소곳이 나부낀다

문득 떠올린 초록 동화 한 토막,
잊었던 그리움 묻어나 밀려드는 상큼한 내음
주렁주렁 소년의 눈가에 이슬 맺고 간다.

그리운 고향

눈 감으니
꿈속의 집들 정겨워 보이고
개울물 졸졸졸 흘러간다

냇가에서 송사리 잡고
재미난 얘기 나누던
옆집 순이는 무얼 할까
마음은 고향으로 달려가
그리운 이름 불러본다

불어오는 바람 소리에
살포시 눈 뜨니
고향산천 간 데 없고
떠나보낸 세월 속
그리움만 가슴 적신다.

어머니

마냥 높푸르러
그리움 더하는 가을날
여전히 가슴속에 남아 있는
아득한 향기에

철없던 코흘리갠 그걸 미처 몰라
머리가 세고서야 겨우 깨쳤답니다
괴로워도 웃으시던 자애로움

정든 곳 떠나야 할 낙엽처럼
추억의 회한 속에서 헤맨 미아
애타게 그리워 마냥 눈물 머금고
머나먼 하늘 향해 외쳐봅니다

어머니!

후 회

빼꾸기 울음 속에
봄 가고 가을이 온
숱한 세월

기쁨 아닌
가슴 아린 고통도
내 살점이란 걸
왜 그리 몰랐을까
그땐!

불러도 외쳐봐도
입속에서 맴돌다
벙어리 말 못하고
눈물만 옷섶에 적신다

그날이 다가 올수록
더욱 더.

꿈속에서

영혼의 숨결 하늘에 닿아
그리움 사무치던 어머님 뵙자
두 눈이 퉁퉁 붓도록,
품에 안겨 목 놓아 울었습니다
하염없는 소쩍이 울음만
고요한 정적 깨는 이 밤에.

제 5 부

홍합의 연정

사랑을 낚는 어부

흐르는 세월
기다림의 배 한 척 띄우리라.
언제일지 모를 그때를 위해
아득함에 때론 눈물 파랑 일고
휩쓸리는 물결에 쓰라린 상처도 씻겨 보내곤
그립다는 간절한 욕심 억누를 길 없어도
사랑이라는 한 이름만 떠올리며
오늘도 어부가 된다.
훗날에 부를 노래 흥얼거리며.

미망의 계절

여기저기서 헤어지느라
몸살하는 단풍의 이별소식에
참지 못해 청승스레 울던 날

떨어지는 눈물방울
복받치는 슬픔 밀려와
포근한 품 그립다

해마다 하는 홍역
외로운 이에겐
견디기 힘든 속앓이

그대가 사랑해 줄
따뜻한 품이라면
텅 빈 가슴 채울 수 있으련만.

빈 배

흐르는 강물 위에
사뿐히 띄워 놓고
꿈에서도 기다리리

무심한 듯
어리는 물결 바라보며
애절함 머금어

당신 만나면 그땐
호젓이 사랑 나누며
행복을 노래하리.

가을에는

찬바람에
나뭇잎 우수에 젖어들면
남정네의 정이 그립다

진정 사랑을 알면
쭉정이 같은 쫄딱보라면 어떠리

떠남 앞둔 산천초목
솔바람속 깊은 입맞춤
미구에 고독의 시간

정녕, 따뜻한 가슴 지녔다면
어찌 그립지 아니한가

다시는 홀로 있고 싶지 않을진데.

첫눈이 내리면

첫눈 내리면
그리운 사람 만나
사랑을 나누고 싶다

내리는 눈 맞으며
길을 걷고
찻집에서 나누는 밀어

겨울에 피는
동백꽃
붉은 사랑

백설로
얼룩진 마음 깨끗이 지워
오직 사랑만을 그리고 싶다.

그리운 사람

바쁠 땐 잊다가도
외로움 밀려오면
간절한,
속내는 숨겨도
마음 늘 같이하는
사랑 주고픈 사람
언제까지나
함께이고 싶다
이승 다할 때까지.

기다림

사랑하는 이를 만난다는 것은
늘 달콤한 꿈이다

언제쯤 올까
혹여 무슨 일 생긴 것은 아닐까

파란 하늘
금세 흐려져 마음속에 궂은비 내려도
희망 잃지 않는다

아직
행복이란 담보가 있으니.

연 서

눈웃음 실바람 속에서
사랑하며 살고 싶소
너풀거리는 한 쌍의 나비와
산새들 정겨움 찾아드는
야트막한 언덕에 오두막 지어

개울물 위 왕벚꽃
그리움으로 흐르고
짙은 녹음 속 그윽한 솔향기
꽃들의 밀어(蜜語), 단풍의 아름다움
눈 내리는 동짓달 긴긴 밤
작은 나라 왕과 왕비처럼

자연과 하나된 운용의 피륙 짜고 싶소.

호기심

의심의 껍질 벗겨보면
아무것도 아닌데
기를 쓰며 파헤치는지

오늘도 그 실체 찾아
시간의 오르내림 마다하지 않는다
혼자만이 적임자 되어

궁금증 풀지 못하는 조급함
그대 더욱 그 속에 갇히리
중독의 쾌감 잊지 못해.

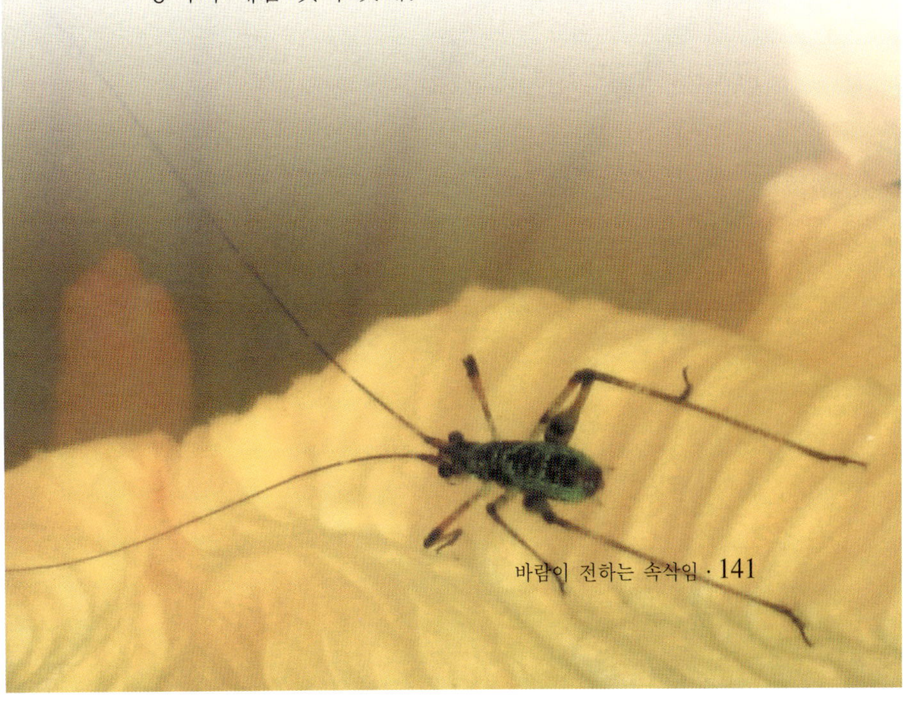

갈 망

번개 같은 세월
두어 밤 자도 일주일 가 버리는
갈 봄 없이 꽃 피다 홀로 지는
외로운 영혼

정녕 아리따운 그대
허무하게 시들기 전
사랑을 속삭여요
오늘밤엔

햇살 마중 올 때까지
우리 함께 춤 춰요
우연 아닌 필연으로.

오늘 밤

파도가
모래밭 흔적 지워버릴지라도
그대 그리는 마음 사위지 않아
두 손 맞잡으면
연인의 속삭임 들을 수 있을 거예요
노래 속 아닌 눈앞에서

내일이면
푸른 지평선 너머 붉은 태양 떠올라도
왜
빛나는지
파도가 밀려오는지
생각하지 말아요

오늘 밤엔!

나부(裸婦)

보고 또 보아도 보고픈
유혹의 눈길

만지면 터질듯
불꽃으로 신음하는 그녀!

꿈같은 환상

잠들지 못하는 가슴
한없이 강물만 일렁인다.

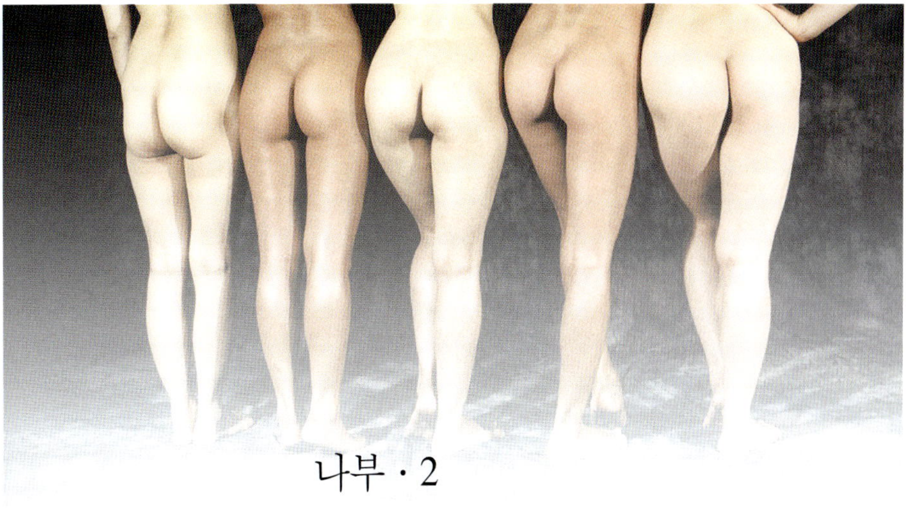

나부 · 2

거추장스러운 굴레
훌훌 벗어 던지고
은밀한 몸짓으로
외로운 이 홀리는
한 떨기 백장미

뒷동산 닮은
아담한 봉우리에서 내려오다
골짜기에서 만나는
신비의 계곡에
갇힌
환영(幻影)인가

꿈꾸듯 도무지 보이는 게 없다,
강하게 자극하는
바람꽃밖에는.

후 애

먼 훗날이라
달콤한 꿈에 젖어
아직 슬픈 사랑얘긴 모르리
푸르름이 어둠 덮던 밤
아름다운 꿈꾸던 달콤한 사랑밖엔

언젠가 암흑 같은 그날 오면
참기 힘든 아픔 차마 드러내지 못해
숯덩이 가슴으로
괴로워 눈물만 흘릴 거야

빗소리 들으면 떠오르는 그 모습
잊으려, 다짐하면
달빛 속에 춤추던 꿈 다시 떠올라
멀어져간 옛 추억 그리워질 거야
작별 고하는 그날이 되면

꽃내음 속에 사랑하던 추억
사랑하는 마음 가시지 않아
그리워 함께 울 거야.

인 연

자목련(紫木蓮) 마지막 꽃잎
툭 떨군 자리에 신록 자리하던 날
한 자락 바람에 실려 온 라일락 향기
파편처럼 기억되는,

애절함의 화신
가슴속 파장 일으킨 그대
며칠이나 방황케했던
슬프도록 아름다운 흔적
단 한 번의 운명적인 만남

인연이 아닌 묘한 인연.

홍합의 연정

흰눈 소복이 내리는 날
포차에 들러 살며시 입맞춤하노라면
알 수 있을 거외다

사막에서 장미 만난 듯
황홀한 기분에 취해
숨이 다 멎을 테니까

한 번 알면
영원히 잊지 못할 그 향기.

첫사랑

두견이 우는 밤
살그머니 찾아와
문 두드리는

보일 듯
눈 뜨면 사라지는
약속한 꿈

허기진 마음
더욱더 그리워
가슴 쓸어내리던
알싸한 향기.

이름 석 자

단 한 사람에게
깊게 자리하며 기억되는
소중한 이름이고 싶다

아침 이슬 닮은
상큼한 미소까지 사랑했던
파란 잎사귀의
청순한 눈웃음까지
욕심내던 그 순박한 사람

암흑 속에서도 두려워 않고
환한 한 줄기 빛 되어
내게 비춰주길 바래
늘 자신을 희생했던 사람

그런 당신의
해맑은 영혼 속에 기억되는
이름 석 자이고 싶다.

抒情美와 映像美의 絶妙한 握手

―김돈영 첫 시 · 사진집『바람이 전하는 속삭임』

新毫 신 규 호
〈문학평론가 · 온누리문학연구소장〉

1. 들어가며

'은빛 수첩' 동인 은로(銀露) 김돈영 시인이 이번에 펴낸 첫 시 · 사진집『바람이 전하는 속삭임』은, 해설자가 지금까지 보지 못한 서정미와 영상미가 절묘하게 어울려, 큰 감동을 안겨준다. 아름다운 언어로 읊어진 100여 편의 시작품마다 주제면에서, 초점이 맞춰진 정교(精巧)한 렌즈 미학작품이 짝을 지어 편집되어 있기 때문이다.

2. 개별작품 해설

개별작품 해설은 지면 사정으로 다섯 편만 하겠다.

먼저, 이 특이한 저서의 성격을 여실히 일러 주고 있는 「사진」부터 시작한다.

> 몇 날
> 몇 시간을 기다린
> 찰나
> 혼을 담아 그린
> 빛의 휴머니즘!
>
> 진실한 감동이
> 때로는 세월 낚아
> 그리움을 낳는
> 빛바랜 값진 초상화.

이 시작품은 한 장의 멋진 사진을 얻기까지의 기다림과, 그로 인해 오래 남는 사진의 의의를 단 9행으로 읊은 2연시인데, '해돋이'를 기다리는 아침 광경을 찍은 사진과, 새로운 세계의 열림인 점에서 썩 잘 어울린다. "빛바랜 값진"이란 모순어법도 의미가 깊거니와, 비록 두 예술 양식은 표현 매체는 다를망정, 오랜 고심과 영감의 소산 예술인 점에서도 부합됨을 시사해 준다.

(2) 「청개구리」(115쪽)

이번엔 지상의 하고많은 생물들 중에서 양서류(兩棲類)

인 한 미물에다 초점을 맞춘 「청개구리」를 살펴보자.

시도 때도 없이 쏟아지던 빗줄기
몇 번이나 굴속에서 울었는지 모른다
잘못한 후회 때문에

생전에
동문서답으로 애간장 태우도록
불효로 일관한 게 한 되어
비만 오면 눈물짓는 불초자(不肖者)
뒤늦은 효행

개굴〔蛙〕!
개 굴(改 窟)!
개 굴(改 屈)!

억하심정(抑何心情)으로 어머니 뜻을 거스른 청개구리의 외고집을 못 꺾어, '강가에 무덤 파라'는 유언을, 뒤늦게 불효 깨달아 그대로 따름으로써 빚어진 비극 때문에, 비만 내리면 울어대는 아이러니를 사진과 함께 편집한 이 시는 그 우화성은 말할 것도 없고, 여러 가지 뜻으로 받아들여지는 동음이어(同音異語, fun)의 기교도 단연 일품이다.

(3) 「바가지」(85쪽)

이어서, 큰 항아리 옆에 놓인 자연산 그릇을 다룬 「바가

지」는 고작 3행 30자의 간결미에 비해, 시상(詩想)은 엄청난 넓이와 깊이를 지닌다.

채우고 비울 줄 아니
익혀 온 슬기로 어리석음 버려
온 세상 품어 보리라.

전문 30자를 3행으로 처리한 것은 아리스토텔레스의 『시학』 3단계 구성과 부합될뿐더러, '담다'·'비우다'·'세상'·'품다' 등 시어의 내포(內包) 또한 사뭇 크다. 특히 '세상'은 그 안에 목숨을 타고난 일체의 것들을 끌어 안음으로써, '중생제도(衆生濟度)'로 나아가, 법정 스님의 '무소유(無所有)'와도 겹쳐지는 가닥이 있다.

(4) 「생(生)」(102쪽)

이번에는 '공동묘지 발굴' 사진과 짝지은 「생(生)」을 살펴보자.

산 넘고 물 건너 아득한 길
오늘도 쉬지 않고 나아간다
그 끝 어딘지 모르면서,
지나간 바람 돌아가
때 되면 다시 불어오거늘
앞서 간 영혼들 어디 있고
우린 어디로 가는 것인가, 지금?

현대인들은 가고 있는 것만 알지, 그 목적지를 모르기 일쑤이다. 이 의문을 의심할 여지 없이 보여주는 것이 바로 '묘지 발굴' 사진이 아닌가. 삶은 따로 떨어져 있는 것이 아니고, 필경 죽음과 짝을 지어 존재하고 있는 것이다. 이 간단한 진리를 깨치고 나면, 모든 허욕은 쓸데없는 것이 되고 만다. 그러므로 저자는 고해(苦海)를 극복할 달관(達觀)의 문턱에 당도한 것임을 일러준다.

그리고 이 작품은 꼭 100년 전 이승을 뜬 세계적 대문호 톨스토이의 단편 우화 「사람에겐 얼마만 한 땅이 필요한가」를 떠올리게 한다.

(5) 「바람이 전하는 속삭임」 (38쪽)

끝으로 표제작 「바람이 전하는 속삭임」을 살펴보기로 한다.

겨우내 메말랐던 황토 사이로
파릇한 미소 짓는 여린 싹
맑은 하늘엔 비비뱃종 비비뱃종
봄노래 흥얼거리는 종달새

물오른 수양버들 잔 가지 꺾어
나그네 버들피리 음률에 입맞춤하니
들녘에서 나물 캐던 처녀
절로 흥이 나네

바람의 속삭임
살랑살랑 이는 향
속가슴 설렌다.

생과 사의 연관을 깨달았다고 해서 삶이 무의미해지는 것은 아니고, 오히려 더욱 값진 것임을 자각하는 계기가 됨을 이 작품은 깨우쳐 준다. 이는 '사람'이란 어휘가 '살 보람'이 있는 존재에서 비롯된 데서도 뒷받침된다. 천재일우(千載一遇)의 호기(好機)에서 얻은 값진 생명인 것이다.

그러하기에 그 탄생과 어울리는 '봄'은 '종달새'로 하여금 '비비벳종 비비벳종' 흥겹게 노래하게 하며, 그 흥겨운 가락을 타고 "처자의 가슴 설레"게 하며, '향'은 덧붙여 날라다 주는 '바람'의 역할 또한 고맙고 대견한 거이다.

3. 나가며

지금까지 해설한 바와 같이, 은로 김돈영의 첫 시·사진집 『바람이 전하는 속삭임』은, 서정시학과 렌즈미학이 완연한 혼일체를 이룬 전인미답(前人未踏)의 새 경지를 이룬 값진 저작이어서, 각가지 애로가 많은 이승에서, 진선미를 거친 달관(達觀)의 경지로 들어설 지름길로서, 만인의 사랑을 받을 것으로 믿어진다.

저자와의
협약으로
인지생략

김돈영 시 · 사진집
바람이 전하는 속삭임

초판 발행 2010 년 6월 5일

지은이 | 김 돈 영

펴낸이 | 윤 해 규

펴낸곳 | **을지출판공사**

등록번호 | 제 2-741 호
등록일자 | 1985 년 2월 14 일
주 소 | 서울시 마포구 서교동 394-81 홍익B/D 3층
우편번호 | 121-840
전 화 | 02) 334-4050 · 4090
팩시밀리 | 02) 334-4010
E-mail : euljipub4010@hanmail.net

값 15,000원

ISBN 978-89-7566-104-4 03810